AF353416

Letras Bajo Lenguas

Lorenna Gitzel

Copyright © Lorenna Gitzel
All Rights Reserved.

This book has been self-published with all reasonable efforts taken to make the material error-free by the author. No part of this book shall be used, reproduced in any manner whatsoever without written permission from the author, except in the case of brief quotations embodied in critical articles and reviews.

The Author of this book is solely responsible and liable for its content including but not limited to the views, representations, descriptions, statements, information, opinions, and references ["Content"]. The Content of this book shall not constitute or be construed or deemed to reflect the opinion or expression of the Publisher or Editor. Neither the Publisher nor Editor endorse or approve the Content of this book or guarantee the reliability, accuracy, or completeness of the Content published herein and do not make any representations or warranties of any kind, express or implied, including but not limited to the implied warranties of merchantability, fitness for a particular purpose.

The Publisher and Editor shall not be liable whatsoever...

Made with ❤ on the BookLeaf Publishing Platform
www.bookleafpub.in
www.bookleafpub.com

Dedication

M.L.C.R

Preface

**La poesía te da una pradera en la que tumbarte y
un río en el que desembocarte a la perfección.**

Acknowledgements

Gracias vida por dejarme sobrevivir.

Angela y Miguel, gracias por su apoyo incondicional.

1. olivo

soy un organismo,
que fluye con los ríos,
se eleva con los vientos
y respira en suspiros.
me escondo del olvido,
renazco en los olivos,
me planto en la tierra
y resurjo en ciclos vivos.
soy un organismo,
una danza sin destino,
que se pierde en las corrientes
y se encuentra en el camino.
fluyo con los ríos,
vuelo con los aires,
vivo en el latido
de lo eterno y lo inasible.

2. mil dias sin luz

se fue la luz,
y en esta oscuridad,
me abraza tu abandono.
me dejas atras como tu sombra,
estoy conectada a ti, me disuelvo con la noche ,
me recuesto y floto a mundos donde nos encontramos,
y no es hasta que regresa el sol que me doy cuenta.
necesito cerrar los ojos para pasar el tiempo,
pero el tiempo me pasa a mí a mundos paralelos,
pasó mil días sin luz esperando tu llegar.
queriendo regresar a las nubes de clavel ,
aquellas que acobijaban nuestros sueños.
sueños que no llegarán a ser,
puesto que la luz no llega,
el sol se desvancece.
me disuelo con la noche,
mil veces.

3. permanezco

aquí,
en el lugar donde te perdí,
entre los robles que se retuercen en sombras
y los arbustos que devoran la luz,
permanezco, atrapado, paciente,
en la agonía de un regreso que no llega.
el viento corta como un susurro cruel,
trayendo ecos de tu ausencia,
vacíos, huecos, como mi alma,
que se desangra en cada segundo inmóvil.
aquí estoy,
donde los días se pudren en silencio,
donde la tierra me reclama lentamente,
y el amor que una vez fue refugio
se convierte en mi maldición eterna.

4. tonos

me vuelvo azul con un toque de morado cuando te vas de
mi lado,
me ahogo en lagos verdes, esperando a que seas mi
salvavidas,
esperando tus brazos sujetar mi espalda.
mi estómago es un bosque de mariposas ,
con tu rostro sobre sus alas,
me vuelvo de mil tonos al probar tus migajas.
estoy tan cerca de ala superficie que con eso me llenas,
me basta más que un roce para sentir que en mi piel te
quedas.

5. puedo

yo puedo porque quiero,
y quiero querer poder,
sin embargo, hoy me encuentro,
sin ganas de querer.

6. miedos

me da miedo enamorarme, olvidarme de este mundo,
y dedicarme solo a uno.
tengo miedo de clavarme con un hombre inseguro,
de esos que un día gritan que te quieren, y al siguiente ya
son mudos.
me da miedo entregarme por completo,
porque mis piezas quedarán dispersas
sobre nuestra mesa, como las de un rompecabezas.
tengo miedo a dejarme llevar por un sentimiento
que me llevará hacia un callejón de sufrimiento.
por eso hago el intento de ignorarlo,
disfrazo mis ganas con indiferencia,
aunque esto me esté llevando a perder la cabeza.
prefiero eso a quedar regada sobre la mesa.

7. preguntas sin respuesta

¿por qué habrías de enamorarte de mí,
si camino de la mano del estrés,
si mis días se rigen por el deber,
y no por el capricho de vivir?
¿por qué habrías de amarme, tú,
tan pacífico, tan rítmico,
tan ajeno al caos que me define,
tan inconsciente de la carga que llevo?
yo, mujer realista,
muda en mis verdades,
amargada en los bordes de la vida,
consciente de todo y, a la vez, de nada.
¿por qué habría yo de querer tanto
y recibir tan poco?
¿por qué habrías de enamorarte de mí,
tú, cegado por la belleza de los aires,
por las flores que nunca dejo tocarme,
por la pureza inmortal de lo natural,
tan distante de esta carne
que solo sabe marchitar?
quizás porque en mi grieta
hay un reflejo que no entiendes.
o quizás no.

8. tormenta

existe una tormenta que navega mis entrañas,
ella navega por mis venas.
hace remolinos de mis nervios,
busca llenarme de tormentos.
ella sale día y noche,
ella no se cansa,
basta con sentirla una vez para saber qué es lo que pasa.
hay una tormenta dentro de mi,
una tormenta que me hace sufri,
se come mis adentros,
hace caldo de sesos,
tengo una tormenta dentro de mi.
una tormenta que quiere salir,
para llevarse todo aquello,
que más quiero.

9. ana

ana te traje flores,
estoy aquí para pedirte perdon,
ayer pinté tu rostro de mil colores,
ábreme , por favor.
ana te traje flores,
ayer adorné tus brazos de color púrpura y marrón,
te prendo y te apago como luz de callejon,
te hace falta un fusible.
que mas te puedo quitar?
prometo no gritarte si me dices que no,
ábreme, porfavor.
ana te traje flores,
una por cada moreton,
varias docenas llevo ya,
te toca verlas marchitar.
llevo días tocando tu puerta,
los vecinos dicen que ya no estas,
que te busque en aquel lugar.
dicen que fui yo quien te llevó ahí,
yo solo quería hacerte feliz.
ana te traje flores,
estoy aqui para pedirte perdon.
hoy adorné tu tumba de mil colores,
ábreme por favor.

10. guerra

la guerra de aquel blanco ,
quema campo tras campo,
se lleva rios y selvas.
la guerra de aquel blanco,
atravesa desiertos ,
quebra mil cielos.
la guerra de aquel blanco,
hace que tiemble mi casa,
no importa la distancia.
no importa la resistencia ,
existen personas que buscan que todo el que no es blanco
pague una penitencia.

11. en la calle amapolas

en la calle Amapolas,
donde el viento parece cantar,
vive un hombre que susurra al hablar,
como si sus palabras temieran volar.
camina sin rumbo, perdido en su andar,
con los bolsillos llenos de sueños rotos,
y en sus ojos, un mural de historias,
que nadie se atreve a descifrar.
en la penumbra, su figura se dibuja,
como un eco de vidas que quiso olvidar.
en la calle Amapolas,
su soledad florece al caminar.

12. entre los ojos

entre los ojos de María,
yace un par de semillas,
que riega cada día,
para hacer crecer un campo de flores amarillas.
entre los ojos de María,
viven las esperanzas de una niña,
que sonaba con ser vista,
por su calidez y gran carisma.
entre los ojos de María están polinizando las abejas,
aquellas que le dan un color miel a sus ojos llenos de
pureza.
entre los ojos de María se ha quedado mi recuerdo,
navego entre las flores amarillas de su mundo al que yo
ya no tengo acceso.

13. Lenguas entrelazadas

somos lenguas entrelazadas,
como dos neuronas apunto de estallar.
nuestras miradas gritan lo que intentamos callar,
nos encontramos queriendo perdernos ,
nos empujamos olvidando que llevamos rato enredados.
nuestras bocas conectadas,
somos lenguas entrelazadas.

14. te pienso

te pienso al caminar por la calle sin para,
te pienso y no te olvido,
estoy viviendo sin sentido.
te llevaste mi serenidad,
todo lo que fui dejé de ser.
fuiste más de lo que crees,
fuiste todo lo que sé.
te convertiste en mi único motivo,
para seguir vivo.
no dejo de pensar,
te pienso y no logro imaginar,
te pienso y me canso de llorar.
no logro comprender,
anehlo tu regreso,
cada vez que te pienso, me siento acogida por tu
recuerdo.

15. sangrado

entre tanta sangre, me perdí,
ahogado en sombras que no dejan salir.
solía pensar que sin ti no podría,
que mi vida se apagaría en la agonía.
pero el tiempo, con su lento andar,
me enseñó que aún puedo respirar.
a pesar del peso, del dolor sin fin,
mira mis manos: sigo aquí.

16. suelto

todo lo que idealicé,
lo suelto.
los castillos que construí en el aire,
las promesas que nunca fueron,
los reflejos de un futuro inexistente,
lo suelto.
el hombre que quise querer,
su sombra, su eco, su ausencia,
lo suelto.
las palabras no dichas,
las manos que nunca se entrelazaron,
lo suelto.
el amor que un día soñé,
perfecto, eterno, imposible,
lo suelto.
las noches de desvelo,
los días de espera,
lo suelto.
todo lo que idealicé,
como un puñado de cenizas al viento,
lo dejo ir.

17. dedicada

día y noche
pienso en cómo amarte
una manera no es suficiente
para demostrarte este amor
creciente
estoy dedicada
a ti
eres parte importante de mi
eres la miel que acompaña mi te
el aire que acaricia mi piel
estoy dedicada
a ti

18. liberada

libero mi existir de los lamentos,
abandono el peso de lo que fui,
dejo atrás el eco de los días grises,
y permito que mi alma respire.
es en la distancia donde encuentro paz,
en la renuncia donde renazco.

www.ingramcontent.com/pod-product-compliance
Lightning Source LLC
LaVergne TN
LVHW050301200726

843509LV00015B/3102